Kauderwelsch
Band 97

W0302023

REISE KNOW-HOW
im Internet
www.reise-know-how.de
info@reise-know-how.de

Aktuelle Reisetipps und Neuigkeiten, Ergänzungen nach Redaktionsschluss, Büchershop und Sonderangebote rund ums Reisen

Der
REISE KNOW-HOW Verlag
Peter Rump GmbH
ist Mitglied der
Verlagsgruppe REISE KNOW-HOW

Kauderwelsch

Michael Blümke

Italienisch Slang

das andere Italienisch

Impressum

Michael Blümke
Italienisch Slang — das andere Italienisch
erschienen im
REISE KNOW-HOW Verlag Peter Rump GmbH
Osnabrücker Str. 79, D-33649 Bielefeld
info@reise-know-how.de

4. Auflage 2001

Bearbeitung & Gestaltung Peter Rump
Illustration Peter Rump (Handzeichen), sonst Stefan Theurer
Coverfotos Frank Schwarz
Druck und Bindung Fuldaer Verlagsagentur, Fulda

ISBN 3-89416-300-3
Printed in Germany

Dieses Buch ist erhältlich in jeder Buchhandlung der BRD, Österreichs, der Schweiz und der Benelux. Bitte informieren Sie Ihren Buchhändler über folgende Bezugsadressen:
BRD Prolit GmbH, Postfach 9, 35461 Fernwald (Annerod) sowie alle Barsortimente
Schweiz AVA-buch 2000, Postfach 27, CH-8910 Affoltern
Österreich Mohr Morawa Buchvertrieb GmbH Sulzengasse 2, A-1230 Wien
Benelux Assimil Benelux, 5-7 Rue des Pierres, B-1000 Bruxelles
Wer im Buchhandel kein Glück hat, bekommt unsere Bücher auch bei: **Rump Direktversand**, Heidekampstraße 18, D-49809 Lingen oder im Internet: **www.reise-know-how.de**
Zu diesem Buch ist auch eine **Begleitkassette-Kassette** erhältlich: **ISBN: 3-89416-542-1.**

Der Verlag will die Kauderwelsch-Reihe weiter ausbauen und **sucht Autoren** für „Französisch für Länder Afrikas", Maori, Malayalam, Gujarati, Punjabi und vieles mehr.

Inhalt

Prefazione

Cara lettrice, caro lettore,

Se proprio in questo momento stai in libreria riflettendo se comprare questo volumetto o no, vorrei darti un consiglio: compralo, sennò te ne pentirai di sicuro!

Perché? Perché sulle seguenti pagine troverai tutto ciò che da sempre volevi sapere sul gergo italiano ... e non sei mai riuscita/riuscito a trovare in nessun altro libro.

Bada però che qui diciamo pane al pane e vino al vino! (Altrimenti che senso avrebbe questo tomo?)

È chiaro che alcune delle espressioni qui raggruppate non le useresti mai – ma conviene conoscerle almeno per conoscere la lingua italiana in tutta la sua ricchezza.

Allora, cosa aspetti? Alla cassa! E poi: Buon divertimento!

Zum Geleit

Liebe Leserin, lieber Leser,

wenn Sie gerade in der Buchhandlung stehen und überlegen, ob Sie diesen kleinen Band kaufen sollen oder nicht, möchte ich Ihnen einen Rat geben: kaufen Sie ihn, sonst werden Sie es bestimmt bereuen.

Warum? Weil Sie auf den folgenden Seiten all das finden werden, was Sie schon immer über den italienischen Slang wissen wollten, aber bisher in keinem anderen Buch finden konnten.

Aber aufgepaßt, hier werden die Dinge beim Namen genannt! (Welchen Sinn hätte so ein Band sonst auch?)

Natürlich würden Sie einige der hier aufgeführten Ausdrücke nie benutzen – aber man sollte sie zumindest verstehen. Also, zögern Sie nicht länger! Zur Kasse! Und dann: Viel Vergnügen!

Vorwort

In den sieben Jahren, die ich als Lehrer tätig war, stellte ich immer wieder eines fest: Das größte Interesse beim Erlernen einer Fremdsprache gilt meist den Wörtern und Ausdrücken, die in keinem Lehr- oder Wörterbuch zu finden sind.

Ich empfand das stets als etwas sehr Positives, zeigt es doch, daß vielen Lernern die Gefahr einer zu papierenen, also realitätsfernen Ausdrucksweise sehr wohl bewußt ist.

Nur, was nutzt dieses Interesse, wenn man viel zu wenig Möglichkeit hat, es zu vertiefen?

So entstand dieses Italo-Slang-Wörterbuch. Es war mir hierbei wichtig, Wörter und Formulierungen aufzulisten, die auch tatsächlich verwendet werden, und nicht eine Ansammlung von veraltetem oder "gesellschaftsfähigem" Vokabular zu erstellen. Außerdem habe ich versucht, die italienischen Ausdrücke im Deutschen durch Formulierungen wiederzugeben, die ihnen im Sinn und Gefühlsgehalt (und der Intensität natürlich) am engsten entsprechen, weshalb ich auch auf zusätzliche Anmerkungen wie vulgär, beleidigend usw. verzichtet habe – die im Deutschen gewählte Sprachebene ist hier in Verbindung mit der wörtlichen Übersetzung gewiß Hinweis genug. Doch nun viel Spaß beim Schmökern.

Gebrauchsanweisung

Diese Wort- und Phrasensammlung könnte man in **zwei Teile** gliedern: Es geht los mit typisch italienischen Ausdrücken, denen man in bestimmten Situationen begegnen wird, z.B. im Straßenverkehr, in der Bar etc. Das sind nicht immer Slang-Ausdrücke.

Im zweiten Teil geht es dann um die echte Umgangssprache. Wiederum grob nach Situationen sortiert, aber Überschneidungen ließen sich nicht immer vermeiden. Zu diesem zweiten Teil möchte ich folgendes anmerken.

Wissenschaftlich gesehen ist **Slang** eine *"Low-Level-Sprache"*, die ausschließlich von unteren sozialen Schichten gesprochen wird, da ihnen die *"Hochsprache"* nicht geläufig ist. Ich verstehe Slang anders und zwar als Sprache, die von den Leuten im alltäglichen Leben gesprochen wird, wenn man nicht auf Etikette achten muß. Da wimmelt es von "Spezialausdrücken" und "unfeinen" Wörtern. Gerade bei letzteren ist es nötig, recht genau zu differenzieren. Auch bei uns kann ja z. B. das Wort "Scheißkerl" (je nach Situation und angesprochener Person) mal durchaus freundlich, mal höchst beleidigend sein. Auch werden sich zwei Männer an der Theke anderer Ausdrücke für Frauen bedienen als dann, wenn eine Vertreterin des anderen Geschlechts zuhört.

Solange man in einer Gruppe diese Sprache gebraucht, hat sie auch ihre Berechtigung. Wenn man erst einmal die Grundregeln verstanden und sich in die Sprache eingehört hat, fällt es auch nicht mehr so schwer, sein Gegenüber zu verstehen.

Ich habe in diesem Buch versucht, die deutsche Übersetzung der Ausdrücke auf dem gleichen Sprachlevel zu halten. Trotzdem ist bei der Anwendung manchmal Vorsicht geboten. Abwertende Ausdrücke und Beleidigungen sind eh nicht zum Gebrauch, sondern lediglich zum Verstehen aufgeführt. In diesem Zusammenhang auch ein Zitat aus "Das Wörterbuch" von den Gebrüdern Grimm. "Ein Wörterbuch ist nicht dazu da, die Wörter zu verbergen, sondern um sie hervorzubringen."

Im **Anhang** dieses Buches sind alle Ausdrücke, die vorkommen, noch einmal stichwortartig und alphabetisch geordnet aufgelistet. Die Seitenzahl dahinter gibt an, wo das Wort erwähnt wird und demnach auch die Übersetzung bzw. Anwendung steht. Hört man z. B. den Ausdruck *"è un otre di vino"*, findet man im Register unter *"otre"* und *"vino"* die entsprechende Seite.

Alltagssprache Italiens

Wer spricht nun das "beste" Italienisch?

•Natürlich möchte diese Auszeichnung jede Region für sich in Anspruch nehmen. Angeblich sollen es ja die *toscani* sein, doch frei von dialektalen Einfärbungen ist man auch dort nicht.

•Und im übrigen streiten sich innerhalb der Toscana *Firenze* und *Lucca* und, und, und ... um die Krone. Wer also?

•Ich meine, es ist müßig, hier ein Urteil fällen zu wollen, da jeder Dialekt seinen eigenen Reiz hat – auch und gerade was die Aussprache anbelangt.

•So klingt im *Veneto* das **ci** eher wie ein ***zi***, in der *Emilia Romagna* wird aus dem **zz** fast ein englisches ***th***, die *piemontesi* sprechen das **r** wie die Franzosen, auf Sizilien verwandelt sich so manches **o** zum ***u*** usw., usw.

•Interessant ist es allemal, sich auf eine kleine Sprachexpedition zu begeben, um seinen Lieblingsdialekt zu finden.

Also, auf gen Italien!

Verkürzungen

Wie alle anderen Sprachen auch, verkürzt das gesprochene Italienisch einige häufig gebrauchte Wörter.

So wird beispielsweise aus:

questo / questa	***'sto / 'sta***
cosa	***cos'*** (wenn Vokal folgt)
con il	***col*** (gilt im Gegensatz zu ***nel, dal, sul*** etc. als unschön, wird aber deshalb nicht weniger benutzt)
sono	***son***
siamo	***siam***

Überhaupt wird der **Endvokal** gern **verschluckt**, z. B. bei Infinitiven:

metter dentro	(reinstecken)
far ridere	(zum Lachen bringen)
cosa vuol dire?	(was soll das heißen?)

Bekannt dürfte der **Wegfall des Schluß-e** bei Titeln wie
signor(e), dottor(e), ingegner(e) usw.
sein, wenn ihnen der Name folgt.

Verkürzt werden bei **nachfolgendem Vokalanlaut**:

di	⇨	**d'**	z. B.: **Non m'interessa.**
mi	⇨	**m**	**S'alza sempre presto.**
ti	⇨	**t'**	
si	⇨	**s'**	außerdem:
ci	⇨	**c'**	**lo / la** ⇨ **l'**
vi	⇨	**v'**	z. B.: **Chi l'ha detto?**

Manchmal **verschwinden** sogar **ganze Wortteile**:

la bicicletta	⇨	***la bici***
la fotografia	⇨	***la foto***
la metropolitana	⇨	***la metro***
la motocicletta	⇨	***la moto***

Deutsche Wörter

Wußten Sie übrigens, daß viele deutsche Wörter ins Italienische übernommen wurden? Hier nur einige Beispiele:

il kirsch, il kitsch, il krapfen, il land, il lied, il wurstel.

Unterwegs in Italien

Um nach Italien einzureisen, genügt für Bürger von EU-Staaten der Personalausweis (**carta d'identità**), bei Autoreisen sollten man neben Führerschein (**patente**) und Wagenpapieren (**documenti**) auch die Grüne Karte (**carta verde**) bei sich haben.

passaporto	Paß
visto	Visum
dogana	Zoll
frontiera	Staatsgrenze
fare/disfare le valige (machen / ausmachen)	Koffer packen/auspacken
biglietto	Fahrkarte; Flugschein
prenotazione	Reservierung
sportello	Schalter
andata e ritorno	Hin- und Rückfahrt/-flug
deposito bagagli	Gepäckaufbewahrung
(aero)porto	(Flug-)Hafen
stazione	Bahnhof
binario	Gleis
fermata (non ferma a ...)	Haltestelle (hält nicht in ...)
fermata a richiesta	Bedarfshaltestelle (Bus hält nur auf Anforderung)
autobus	Linienbus (innerhalb der Stadt)
pullman / corriera	Überlandbus

Möchte man in einer Stadt öffentliche Verkehrsmittel benutzen, sollte man sich vorher in einer **tabaccheria** die **biglietti** besorgen, da sie nicht beim Fahrer erhältlich sind und es nur in den U-Bahn-Stationen Mailands, Roms oder Neapels Fahrkartenautomaten gibt.

Rund ums Auto

Wer mit dem Auto durch Italien reist, rechne mit allem! Die Italiener sind zwar – im Gegensatz zu den Deutschen – hervorragende Autofahrer, was Reaktionsschnelligkeit und Anpassung an neue Situationen anbelangt, doch strapazieren sie ihren Schutzengel mitunter über Gebühr. So kann es durchaus passieren, daß einem in der Kurve einer Gebirgsstraße plötzlich ein Fahrzeug entgegenkommt – auf der eigenen Spur wohlgemerkt! Doch wozu gibt es schließlich den **clacson,** auch Hupe genannt, den man ohne Übertreibung als des Italieners liebstes Teil des Autos bezeichnen darf.

Überholen sollte man grundsätzlich immer mit dem gesetzten Blinker, vor allem wenn man an einer Kolonne Lastwagen vorbeiziehen will.

Hinweisschilder

ACCENDERE I FARI	Scheinwerfer einschalten
CADUTA SASSI	Steinschlag
CIRCONVALLAZIONE	Umgehungsstraße
DEVIAZIONE	Umleitung
DIVIETO DI SORPASSO	Durchfahrt verboten
DIVIETO DI SOSTA	Halteverbot
LASCIARE LIBERO IL PASSAGGIO	Durchgang/-fahrt freihalten
LAVORI IN CORSO	Straßenarbeiten
RALLENTARE	Geschwindigkeit verringern
SENSO UNICO	Einbahnstraße
SOCCORSO A.C.I.	Notruf (Automobilclub)
STRADA DISSESTATA	schlechte Straße
TRANSITO CON CATENE	nur mit Schneeketten befahrbar
USCITA	Autobahnausfahrt
VIETATO AL TRAFFICO	für den Verkehr gesperrt
VIETATO L'ACCESSO	Zugang verboten
ZONA DISCO	nur mit Parkscheibe parken

macchina	Auto
moto	Motorrad
macinino / trabiccolo (: Mühle / Bettwärmer)	Klapperkiste
bolide	Flitzer
una fuoriclasse	ein toller Schlitten
carcassa	alter Kasten (Flugzeug oder Schiff)
autofficina	Autowerkstatt
distributore	Tankstelle (Stadt)
stazione di servizio	Tankstelle (Autobahn)
fare benzina	tanken
fare il pieno	volltanken
senza piombo	bleifrei
super / normale	Super / Normal

Für die Benutzung der **autostrade,** der Autobahnen, muß man eine nach Kilometer-Anzahl gestaffelte Maut, **pedaggio,** zahlen. Bei der Auffahrt auf die Autobahn zieht man eine Karte, die man beim Verlassen am **casello,** dem Mauthäuschen, vorzeigt und den entsprechenden Betrag entrichtet.

scorciatoia	Abkürzung
scappata	Abstecher
ingorgo	Stau
sfrecciare	rasen
correre all'impazzata	rasen
a tutta birra (: volles Bier)	volle Pulle
ammaccatura	Beule
danno totale	Totalschaden
incidente	Unfall
ambulanza	Krankenwagen

parcheggio	Parkplatz
autosilo	Parkhaus
parchimetro	Parkuhr
disco orario	Parkscheibe
tagliando	Parkschein
multa	Strafzettel

Polizei

Im Heimatland der Mafia begnügt man sich natürlich nicht mit einer einheitlichen Polizei, nein, in Italien gibt es vier verschiedene Arten von Ordnungshütern:

- Zunächst einmal die **vigili urbani**, die den Verkehr regeln, Parksündern (**parcheggiatori abusivi**) nachspüren und auskunftsuchenden Touristen helfen.
- Dann die **polizia stradale**, die den Verkehrssündern (**contravventori**) an den Führerschein geht.
- Für die öffentliche Ordnung sind die **carabinieri** zuständig;
- bleibt noch die **Guardia di Finanza**, die Finanz- und Zollpolizei.

Die zwei letztgenannten sind Sondereinheiten der Armee (**esercito**).

uno uno tre (113)	Notruf (Polizei, Notarzt, Feuerwehr)
commissariato	Polizeirevier
questura	Polizeipräsidium
poliziotto / agente	Polizist
i caramba **i piedipiatti** (: Plattfüße) **i pulotti**	Bullen
furto	Diebstahl
ciuffare **sgraffignare** **arraffare**	klauen
scippo	Handtaschendiebstahl (vom Mofa aus – ital. Spezialität!)
assalto	Überfall
delinquente	Gauner
criminale	Verbrecher
malvivente (: Schlechtlebender)	Gangster
tangente (: Anteil)	Schmiergeld
tangentopoli	"Schmiergeld-City" = Mailand
bustarella (: Kuvertchen)	Schmiergeld
corruzione	Korruption, Bestechung

Telefonieren

In Italien wird das Telefonnetz von einer privaten Gesellschaft, der **SIP**, betrieben. Außer in den **cabine telefoniche** können Sie auch in vielen Bars telefonieren, die über öffentliche Telefone verfügen. Man erkennt sie am gelben Schild mit der Wählscheibe!

Möchte man nach Deutschland telefonieren, sollte auf der Telefonzelle **interurbane** (Ferngespräche) stehen. Die Vorwahl (**prefisso**) für die BRD ist im übrigen die 0049, dann wählen Sie die Ortsvorwahl ohne "0" und dann die eigentliche Nummer.

Zum Telefonieren selbst benötigt man entweder die guten alten **gettoni** (Telefonmünzen) zu 200 Lire, die man beim **tabaccaio** oder eben in den Bars mit öffentlichen Telefonen bekommt, oder aber 100-, 200- bzw. 500-Lire-Münzen. Die bequemste (und häufigste) Möglichkeit, besonders wenn man eine **interurbana** führen möchte, ist jedoch zweifelsohne die **carta telefonica**, die zu 5.000 und 10.000 Lire ebenfalls beim **tabaccaio** und in den meisten **cartolerie,** den Schreibwarengeschäften, verkauft werden.

Es empfiehlt sich übrigens, *nach* 18:30 Uhr zu telefonieren, da es dann um ein Drittel billiger wird, nach 22.00 Uhr sogar um die Hälfte! Ab 8.00 Uhr morgens gilt dann wieder der normale Tarif.

Coi quattrini si fa tutto

Rund ums Geld

Geld ist Geld, nur in Italien hat es ein paar Nullen mehr. Doch wer macht sich schon die Mühe, jeden Betrag bis auf die letzte Lira auszusprechen?

Aber wieviel will der Händler denn nun von mir, wenn er **due mila tre** verlangt? Man ergänze **cento** – ed ecco la soluzione!

Die **lira** gibt es im übrigen in Münzen zu 50, 100, 200 und 500 (gelegentlich findet man auch noch alte zu 10 und 20) sowie in Scheinen zu 1.000, 2.000, 5.000, 10.000, 20.000, 50.000 und 100.000.

Die **banche** haben in Italien normalerweise von Montag bis Freitag in der Zeit zwischen 8/8:30 und 13/13:30 geöffnet, die meisten auch noch mal eine Stunde am Nachmittag.

In den **agenzie cambio**, den Wechselstuben, kann man sein Geld auch am Nachmittag und am Wochenende loswerden, **scusi,** umtauschen. Sowohl zum Geldwechseln als auch zum Einlösen eines **assegno** (Scheck), sollte man den Personalausweis mitnehmen.

bancomat	Geldautomat
i soldi / il denaro	Geld
gli spiccioli / gli spicci	Kleingeld
i quattrini	Moneten
la grana / le cucuzze	Kohle, Zaster, Mäuse
dieci carte (: zehn Karten)	10.000 Lire
un testone (: Großkopf)	ein "Riese" = 1 Mio. Lire
un bel gruzzolo	eine schöne Stange Geld
un sacco di soldi **un mucchio di soldi** **un fior di quattrini**	ein Haufen Geld

Reich sein

granoso	betucht
ricco (sfondato)	(stein)reich
un riccone	ein Krösus
quattrini a palate (: schaufelweise)	Geld wie Heu
Coi quattrini si fa tutto. (: mit Geld macht man alles)	Geld regiert die Welt.
Non bada a spese.	Er/Sie scheut keine Kosten.
uno spendaccione/sciupone	ein Verschwender
Si mangia i soldi. (: ißt) / **Spende e spande.**	Er/Sie wirft mit dem Geld um sich.
È di manica larga. (: er/sie hat einen weiten Ärmel)	Er/Sie ist sehr großzügig.

è figlio di papà	er ist Sohn reicher Eltern
A caval donato non si guarda in bocca.	Einem geschenkten Gaul schaut man nicht ins Maul.
tirchio	geizig, knauserig
pidocchio (: Laus)	Geizhals
Ma questo è un furto! (: Diebstahl)	Das ist ja Wucher!
strozzino	Wucherer
un tagliagole/avvoltoio (: Geier)	ein Halsabschneider
un sanguisuga	ein Blutsauger

Bezahlen

pagare il fio	für etwas bezahlen müssen
costa un occhio della testa (: ein Auge des Kopfes)	es kostet ein Heidengeld
un conto salato	eine gesalzene Rechnung
l'ha pagata salata (: gesalzen)	er hat es teuer bezahlt
un prezzo sfacciato	ein unverschämter Preis
fanno i portoghesi (: sie machen die Portugiesen)	sie drücken sich ums Zahlen
facciamo alla romana (: machen wir es römisch)	jeder zahlt für sich
costa due lire	es kostet fast nichts
costa una miseria	es ist spottbillig
un prezzo stracciato (: zerrissener)	ein Spottpreis
... da svendita (Ausverkaufspreis)	Schleuderpreis
a metà prezzo	zum halben Preis
a contanti	bar
vendere sotto banco (: unter dem Ladentisch)	unter der Hand verkaufen
costi quel che costi	koste es, was es wolle
mercanteggiare	feilschen
tirare sul prezzo (: am Preis ziehen)	handeln
è un affarone	das ist ein Supergeschäft

Arm sein

Ha le mani bucate. (: er/sie hat durchlöcherte Hände)
Das Geld zerrinnt ihm/ihr zwischen den Fingern.

Ti pelano. / Ti spennano. (: sie schälen / rupfen dich)
Die ziehen dir das Geld aus der Tasche. / Die nehmen dich aus.

mollare / sganciare / scucire
rausrücken

Il denaro non rende felice.
Geld macht nicht glücklich.

Non vale una cicca/un ficco secco. (: Kippe/trockene Feige)
Das ist keinen Pfifferling wert.

Sono al verde / al secco. (: grün / trocken)
Ich bin pleite.

Sono in bolletta sparata. (: in hochgeschossener Rechnung)
Ich bin völlig abgebrannt.

Non ho il becco d'un quattrino. (: nicht den Schnabel eines Hellers)
Ich habe keine müde Mark.

piantare chiodi (: Nägel einschlagen)
Schulden machen

batter cassa (: an die Kasse klopfen)
anpumpen

Ha dato fondo ai soldi.
Er hat sein Geld durchgebracht.

Fa il passo più lungo della gamba.
(: er macht einen längeren Schritt als sein Bein)
Er lebt über seine Verhältnisse.

Betrügen

truffatore / truffare	Betrüger / betrügen
fregare	1. betrügen, 2. klauen
ciuffare / sgraffignare	klauen
sbafare / scroccare	schnorren, schmarotzen
uno sbafatore	ein Schnorrer
uno scroccatore	ein Schmarotzer

Grattarsi la pancia

Rund ums Arbeiten

lavorare / il lavoro	arbeiten / Arbeit
il lavoro clandestino	Schwarzarbeit
il posto di lavoro	Arbeitsplatz
faccio il professore (: mache)	ich bin Lehrer
la tredicesima	13. Monatsgehalt
vive di ripieghi (: Notlösungen)	er lebt von Gelegenheitsarbeiten
darsi d'attorno	sich Mühe geben, sich anstrengen
mettersi al lavoro	sich an die Arbeit machen
la sgobbata / la sfacchinata	Schufterei, Schinderei

lavorare come un negro (: wie ein Neger arbeiten) **sgobbare / sfacchinare**	schuften

lavorare di schiena
(: mit dem Rücken arbeiten)
sudare sette camice
(: sieben Hemden durchschwitzen)
sfacchinarsi

sich abrackern

Si uccide dalla fatica. — Er arbeitet sich tot.

Si fa in quattro. (: vierteilen) — Er bringt sich halb um.

Si fa il culo. (: er macht sich ...) — Er reißt sich den Arsch auf.

Lavora tredici mesi all'anno. (: dreizehn Monate pro Jahr) — Er arbeitet wie ein Verrückter.

Adesso faccio festa. — Ich mache jetzt Feierabend.

lavorare sott'acqua (: unter Wasser arbeiten) — heimlich gegen jemanden arbeiten

disoccupato — arbeitslos, Arbeitsloser

infingardo — arbeitsscheu

Mani callose, mani virtuose.
(: schwielige Hände, geschickte Hände)
Arbeit schändet nicht.

Ti sei preso una bella gatta da pelare.
(: eine schöne Katze zum Fellabziehen)
Da hast du dir ja eine schöne Arbeit aufgehalst.

Faulenzen

poltrire faulenzen
fannullone Faulenzer; Nichtstuer
tirare avanti / campare (: vorwärtsziehen) sich durchschlagen

stare con la pancia all'aria (: mit dem Bauch in der Luft liegen)
grattarsi la pancia (: sich den Bauch kratzen)
tenersi le mani sulla pancia (: die Hände auf dem Bauch haben)
→ auf der faulen Haut liegen

voler dormire tutti i suoi sonni (: alle seine Schläfe schlafen wollen)
faulenzen wollen; seine Ruhe haben wollen

Se la prende comoda. (: er/sie nimmt sie sich bequem)
Er/Sie schiebt eine ruhige Kugel.

Si mette le penne del pavone. (: er steckt sich die Federn des Pfaues an)
Er schmückt sich mit fremden Federn.

Non cava un ragno da un buco. (: er holt keine Spinne aus einem Loch)
Er kommt auf keinen grünen Zweig.

Andiamo a fare la spesa

Rund ums Einkaufen

Was kann es Schöneres geben, als im Urlaub Geld auszugeben?

Und in Italien macht es besonders viel Spaß. Wenn da nur nicht immer diese ewig lange **Siesta** wäre, die einen volle drei Stunden (zwischen 12:30 und 15:30) daran hindert, die Lire unters Volk bzw. in die Läden zu bringen. (Es sei denn, man findet ein **magazzino** mit **orario continuato**, will heißen, ein Kaufhaus, das durchgehend geöffnet hat.)

Und dann erst die Montagvormittage, da machen sie erst gar nicht auf! Und wer am Mittwochnachmittag nicht verhungern will, sollte seine Lebensmittel rechtzeitig vorher kaufen, denn dann haben die **alimentari** ihr **chiuso** an die Tür geheftet.

Am Samstag kann man sich allerdings Zeit zum Einkaufen lassen: Die Geschäfte sind den ganzen Tag geöffnet!

Vado a fare la spesa. (: Ausgaben machen)
Ich gehe einkaufen.

fare il giro dei negozi (: die Runde durch die Geschäfte)
einen Einkaufsbummel machen

Perché non andiamo a dare un'occhiata alle vetrine?
(: einen Blick in die Schaufenster werfen)
Laß uns doch einen Schaufensterbummel machen.

'ste scarpe vanno a ruba. (: wie geklaut)
Diese Schuhe gehen weg wie warme Semmeln.

Articoli ridotti non vengono cambiati
Reduzierte Ware ist vom Umtausch ausgeschlossen

negozio	Laden
supermercato	Supermarkt
magazzino	Kaufhaus
edicola	Zeitungsstand
commesso, commessa	Verkäufer(in)
titolare	Inhaber
i vu' cumprà (: willst du kaufen?)	Straßenhändler aus Afrika
carrello	Einkaufswagen
cianfrusaglie	Krimskrams
firmato (: unterschrieben)	Designer... (z. B. occhiali firmati)
è un'occasione	das ist eine Gelegenheit
al prezzo di costo	zum Einkaufspreis
a metà prezzo	zum halben Preis
svendita	Ausverkauf
offerta speciale	Sonderangebot
senza IVA	ohne MWSt.
IVA inclusa	inklusive MWSt.
cambiare	umtauschen
scontrino	Kassenzettel
deposito	Pfand
pagare a contanti	bar bezahlen
pagare con assegno	mit Scheck bezahlen
comprare a rate	auf Raten kaufen
taccheggiatore / taccheggio	Ladendieb / Ladendiebstahl

Mi fa venire l'acquolina in bocca

Rund ums Essen

Wen in Italien der Hunger überkommt, der kann entweder in der **bar** oder in einer **tavola calda**, einem Schnellimbiß, einen Happen zu sich nehmen. Wer lieber gemütlich speisen will, ist mit einer **osteria, pizzeria, trattoria, ristorante** oder **rosticceria,** einer Art Grill-Restaurant, sicherlich besser beraten, wobei die Preise bei der **osteria** angefangen nach oben gehen (die Ausstattung und der Service hoffentlich auch!).

Apropos Preise, in Italien muß der Betrag auf der Karte nicht unbedingt der sein, den man am Ende zu bezahlen hat. Man achte darauf, ob **coperto e servizio compreso** sind, also Gedeck und Bedienung inbegriffen.

Und nehmen Sie die **ricevuta fiscale** (die Rechnung) aus dem Lokal mit. – Sie könnten auf der Straße kontrolliert werden! Der Hintergrund ist ganz einfach der, daß die italienischen Geschäftsleute, und dazu gehören auch die Restaurantbesitzer, eigentlich nur aus Nächstenliebe gearbeitet haben, wollte man ihren Steuererklärungen glauben. Dem hat dann der italienische Staat einen Riegel vorgeschoben, indem er beispielsweise die Restaurantbesitzer zwang, den Kunden eine von einer Computerkasse erstellte Rechnung, eben eine **ricevuta fiscale**, auszuhändigen.

Und was finden wir nun auf einer italienischen Speisekarte?

Vorspeisen

antipasti	Vorspeisen
antipasto misto	gemischte Vorspeisen
affettato misto	Aufschnitt
sottaceti	in Essig eingelegtes Gemüse
caponata	Auberginen, Paprika, Tomaten, Öl
insalata di mare	Meeresfrüchtesalat

oder diverse **brodi** (Brühen) und **zuppe** bzw. **minestre** (Suppen).

Erster Gang

Es folgen die **primi piatti,** die ersten Gänge, das sind **pasta** oder **risotto.** Ob nun **capellini, spaghetti, fettuccine** oder **tagliatelle;** ob **maccheroni, penne, rigatoni** oder **cannelloni;** ob **agnolotti, cappelletti, ravioli** oder aber **tortellini** und **tortelloni;** nicht zu vergessen **lasagne, farfalle, conchiglie** und und und: der Phantasie sind keine Grenzen gesetzt.

Gleiches gilt für die Zubereitungsart, hier nur die gängigsten:

al burro	mit Butter
al sugo	mit Tomatensoße
alla bolognese; al ragù	mit Hackfleisch
al pesto	mit Basilikum und Pinienkernen
all'amatriciana	mit Tomaten, roten Paprikaschoten, Speck und Zwiebeln
alla carbonara	mit Ei und Speck
alla marinara	mit Meeresfrüchten
alla puttanesca	mit Oliven, schwarzem Pfeffer und Kapern
all'arrabbiata	mit scharfer Tomatensoße (schwarzer Pfeffer)

Zweiter Gang

Nicht minder einfallsreich sind die **secondi piatti**:

bollito misto	verschiedenes gekochtes Fleisch
cacciagione	Wild
costata alla pizzaiola	Steak in Tomatensoße mit Pilzen und Basilikum
costoletta alla milanese	Wiener Schnitzel

fegato alla veneziana	Kalbsleber mit Zwiebeln und Polenta
involtini	Rouladen
osso buco	Kalbshaxe in Wein-Tomaten-Soße
saltimbocca alla romana	Kalbsschnitzel mit einer Scheibe rohem Schinken und Salbeiblättern
spezzatino	Gulasch
trippe	Kutteln
fritto misto	verschiedene gebackene Fische und Meeresfrüchte
cozze alla marinara	Miesmuscheln in Weißwein
anguilla alla veneziana	Aal in Zitronensoße

Dessert

dolce	Dessert
budino	Pudding
cassata	Eis mit kandierten Früchten
macedonia di frutta	Obstsalat
profiterole	mit Schokolade überzogene, gefüllte Eclairs
tartufo	Schokoladeneis mit Vanille-Kern
tiramisù	als solches auch hier bekannt
zuppa inglese	wird bei uns als *"zuppa romana"* verspeist

Hunger haben

Wer jetzt noch immer nicht genug hat, der kann sich durch die folgenden Begriffe schlemmen:

assaggiare	kosten, probieren
stuzzicare l'appetito	den Appetit anregen
l'appetito vien mangiando	der Appetit kommt beim Essen
un boccone	ein Bissen, ein Happen
un bocconcino	ein Häppchen
mangiare due bocconi	einen Happen zu sich nehmen
uno spuntino	ein Imbiß, eine Kleinigkeit
manicaretti / ghiottonerie	Leckerbissen
ghiottone	Leckermaul
ghiotto / succulento	lecker
squisito / favoloso	köstlich
un pasto coi fiocchi	ein ausgezeichnetes Essen
un lauto pasto	ein üppiges Essen

A chi ha fame è buono ogni pane.
(: wer Hunger hat, dem ist jedes Brot recht)
Asino che ha fame, mangia d'ogni strame.
(: ein hungriger Esel frißt von jedem Streu)

} Hunger ist der beste Koch.

Non ci vedo più dalla fame.
(: ich sehe vor Hunger nichts mehr)
Ich habe einen Riesenhunger.

Ho una fame da lupi.
(: ich habe einen Wolfshunger)
Ich habe einen Bärenhunger.

Mi fa venire l'acquolina in bocca.
Mir läuft das Wasser im Mund zusammen.

abbuffarsi **fare una scorpacciata** **fare una bella mangiata**	sich den Bauch vollschlagen
un epulone	ein Schlemmer
gozzovigliare	prassen
la gozzoviglia	Prasserei
buttare giù (: runterwerfen)	runterschlingen
sgranocchiare	knabbern
un pasto frugale	ein bescheidenes Mahl
mangiare ...	essen ...
... a più non posso	... was reingeht
... a crepapelle	... bis man platzt
... a quattro ganasce/palmenti (: mit vier Kinnladen/Mühlsteinen)	... wie ein Scheunendrescher
lavorare di mascella (: mit dem Kiefer arbeiten)	ordentlich futtern
È una spazzola. (: er ist eine Bürste)	Er putzt das Essen im Nu weg.
Ha uno stomaco di struzzo. (: er hat einen Straußenmagen)	Er hat einen Viehmagen.

È una bella zuppa.
(: eine schöne Suppe)
Das ist ja ein schönes Kuddelmuddel.

Se non è zuppa, è pan bagnato.
(: wenn es keine Suppe ist, ist es nasses Brot)
Es ist gehupft wie gesprungen.

Tutto fa brodo.
(: alles macht Suppe)
Alles ist zu irgendwas zu gebrauchen.

sciapo / insipido	fad
Non mi va. / Non mi piace.	Es schmeckt mir nicht.
Non sa di niente.	Es schmeckt nach nichts.
Mi ingombra lo stomaco.	Es liegt mir schwer im Magen.
Mi si volta lo stomaco.	Mir dreht sich der Magen um.
il mal di pancia	Bauchschmerzen
ruttare	rülpsen
M'è andato di traverso.	Ich habe mich verschluckt.
Mi sono sbrodolato.	Ich habe mich bekleckert.

O bere o affogare

Rund ums Trinken

Italien ist Gott sei Dank ein Land, in dem man von Trinkkultur sprechen darf anstatt von Betrinkkultur sprechen zu müssen.

So ist es im **Bel Paese** keineswegs üblich, sich in die Kneipe an der Ecke zu setzen, um sich vollaufen zu lassen **a più non posso**, (bis zum Geht-nicht-mehr). Was aber nun ganz und gar nicht bedeutet, daß man jenseits der Alpen genußfeindlich wäre – ganz im Gegenteil! Schließlich kommen ja einige der beliebtesten feuchten Leckereien aus Italien!

Nicht-Alkoholisches (analcolici)

acqua minerale gasata	Mineralwasser mit Kohlensäure
... naturale	... ohne Kohlensäure (wird immer zum Wein bestellt)
limonata	Limonade
succo di mele	Apfelsaft
spremuta d'arancia	frisch ausgepreßter Orangensaft
tè con limone / tè freddo	Tee mit Zitrone / Eistee

cioccolata	Schokolade, Kakao
latte	Milch
frullato	Milchshake
caffè	Espresso (niemals *"espresso"* bestellen!)
caffè lungo (: lang)	deutschem Kaffee vergleichbar, also etwas dünner
caffellatte	Milchkaffee
caffè macchiato (: befleckt)	Kaffee mit etwas Milch
caffè corretto (: korrigiert)	Kaffee mit Schuß -meist *Grappa*-
cappuccio, cappuccino	Cappuccino (natürlich mit heißer *Milch!)*

Alkohol (alcolici)

vino bianco / rosato / rosso	Weiß- / Rosé- / Rotwein (man bestellt z. B. **un quarto di rosso**)
birra chiara / scura / alla spina	helles / dunkles Bier / vom Faß (das klassische Getränk zur Pizza)
una birra piccola/grande	ein kleines/großes Bier (0,4-0,5l)
amaro	Magenbitter
acquavite	Schnaps
liquore	Likör
spumante	Sekt
prosecco	trockener Sekt
liscio (: glatt)	pur
con ghiaccio	mit Eis
un bruciabudella / torcibudella (: Eingeweideverbrenner / -verdreher)	ein Rachenputzer

Ansonsten heißen die "harten" Getränke (Whisky, Rum, Wodka, Gin, Kognak etc.) wie im Deutschen.

Trinken

Cosa prendiamo?	Was trinken wir?
Ci facciamo un bicchierino?	Trinken wir ein Gläschen?
offro io	das geht auf meine Rechnung
un giro	eine Runde
spegnere la sete	den Durst löschen
Ma che intruglio è questo?	Was ist denn das für ein Gesöff?
cin cin	prost!
(alla) salute!	zum Wohl!
un brindisi	ein Toast; Trinkspruch
bagnare qualcosa (: befeuchten)	etwas (ein Ereignis) begießen
bere (d)alla bottiglia	aus der Flasche trinken

Saufen

farsi un cicchetto / trincare	einen heben / bechern
buttare giù / tracannare (: runterwerfen)	runterkippen
giù!	Ex!
sbevazzare	saufen
sbronzarsi / sborniarsi	sich besaufen
un tracannatore	Schluckspecht
un beone	ein Trinker
un ubriacone	Quartalsäufer
è un otre di vino (: ein Weinschlauch)	er ist ein Säufer
una bevuta	ein Saufgelage
sbevazzata	Besäufnis
alticcio	angeheitert
brillo	beschwipst
ubriaco	betrunken
ubriaco fradicio	sternhagelvoll
sbronzo	besoffen
sbronzo cotto (: besoffengekocht)	sturzbesoffen
è in coma (: im Koma)	er ist sturzbesoffen
è partito/fuori (: abgefahren/draußen)	er ist sternhagelvoll
una sbronza/sbornia/ciucca	ein Rausch
una spranghetta	ein Kater
ho lo stomaco sottosopra	mir ist speiübel
vomitare	sich übergeben
rovesciare	kotzen
astemio	Abstinenzler

und hier noch ein paar **Redewendungen** rund ums Trinken:

Ha alzato un po' il gomito.
(: den Ellbogen gehoben)
Er hat einen gehoben.

Beve come una spugna / un otre.
(: wie ein Schwamm / Schlauch)
Er säuft wie ein Loch.

È pieno come un otre.
(: voll wie ein Schlauch)
Er ist bis oben voll.

Chi ha bevuto berrà.
(: wer getrunken hat, wird trinken)
Die Katze läßt das Mausen nicht.

O bere o affogare.
(: trink oder ertrink)
Friß oder stirb.

Questa non te la beve nessuno.
(: das trinkt dir niemand)
Das glaubst du ja wohl selber nicht.

Non me la dai a bere.
(: das gibst du mir nicht zu trinken)
Das kannst du mir nicht weißmachen.

Ma cosa vuoi? La botte piena e la moglie ubriaca?
(: was willst du? das Faß voll und die Frau betrunken?)
Man kann nicht alles haben.

Andare al gabinetto

Klo & Co.

Da Italien mit öffentlichen Toiletten nicht gerade reich gesegnet ist, empfiehlt es sich, unbedingt morgens vor Verlassen des Hotels und bei jedem Bar- oder Restaurantaufenthalt das WC aufzusuchen, um etwaigen quälenden Notsituationen zu entgehen.

SIGNORI	Herren
SIGNORE	Damen
occupato	besetzt
libero	frei

il gabinetto / la toilette	Toilette
andare al gabinetto	auf die Toilette gehen
il cesso	Klo
il pisciatoio	Pissoir
lo sciacquone	Spülung
carta igienica	Toilettenpapier
orinare	urinieren, Wasser lassen
l'orina	Urin
fare la pipì	Pipi machen
pisciare / fare la piscia	pinkeln, pissen
pisciarsi addosso	sich bepissen
il piscio / la piscia	Pisse
piscione	Pisser
la pisciata	das Pinkeln
fare una pisciata	eine Stange Wasser abstellen
andare di corpo	Stuhlgang haben

cacare	kacken
fare la cacca	scheißen
le feci	Fäkalien
la cacca / la merda	Kacke / Scheiße
la cacata	das Scheißen; der Haufen
la diarrea	Durchfall
la cacarella / la sciolta	Dünnschiß
la costipazione / la stitichezza	Verstopfung
essere costipato/stitico	Verstopfung haben
le flatulenze	Blähungen
il peto	Furz
fare/tirare un peto	furzen, einen fahren lassen
puzzare	stinken
la puzza	Gestank

puzzone	Stinker, Schwein
cacasotto	Hosenscheißer
cacasenno	Klugscheißer
ma va a cacare!	verpiß dich!

Impasticcato

Drogen und die Folgen

Die Drogen-Szene hat in Italien noch eine relativ starke Präsenz. Einige der unten aufgeführten Begriffe werden Ihnen darüber hinaus auch im "normalen" Slang begegnen.

lo stupefacente	Rauschgift
la droga / la pasticca (: Tablette)	Droge
droghe pesanti (: schwere)	harte Drogen
droghe leggere (: leichte)	weiche Drogen
l'eccitante	Aufputschmittel
la roba	Stoff
impasticcato	unter Drogen
doparsi	sich dopen
drogarsi / farsi	Drogen nehmen
tossicodipendente / junkie	Drogenabhängige(r)
lo spacciatore / pusher	Dealer
uno spinello	ein Joint
spinellarsi	einen Joint rauchen
mary	Marihuana
strafatto / fuori / sballato	high/voll sein
è fatto perso	er ist total zu
mesca	Meskalin
intrippato	auf Trip
viaggio	Trip
ero	Heroin
una bustina (: Tütchen)	ein Briefchen
tagliato	verschnitten
bucarsi (: sich durchstechen)	sich spritzen, fixen

siringhino	einer, der an der Nadel hängt
farsi una pera (: sich eine Spritze machen)	sich einen Schuß setzen
lo schizzo finale	der goldene Schuß
un buco (: Loch) **una pera** (: Spritze) **uno schizzo** (: Spritzer)	ein Schuß
coca	Kokain
sniffare	koksen
sniffatore	Kokser
disintossicarsi	Entzug machen
stare a rota	auf Entzug sein
la rota	Entzug(serscheinungen)

Zigaretten:

Noch ein Wort zu den **tabaccherie** bzw. dem **tabaccaio**, wo man neben den Busfahrkarten auch Briefmarken (Briefkästen sind übrigens rot) und vor allem **sigarette** kaufen kann. Nach Zigarettenautomaten werden Sie in Italien vergeblich suchen - Tabak ist ein Staatsmonopol und wird daher nur in den dafür autorisierten Geschäften, eben den **tabaccherie**, verkauft.

Man sollte daher auch nicht, wie in Deutschland oft üblich, in einem Restaurant beim Ober Zigaretten bestellen, wenn man keine Münzen hat, da er nicht verstehen wird, was man von ihm möchte. Er wird sich bestenfalls genötigt fühlen, Ihnen eine seiner Zigaretten anzubieten.

Tutto fa brodo

Sprichwörter

Nachfolgend möchte ich einige Sprichwörter aufführen, die im Italienischen andere Bilder benutzen als im Deutschen. Ich bin sicher, daß diese viel interessanter für Sie sind als z. B. Sprichwörter wie "**Una mano lava l'altra**", die im Deutschen identisch übersetzt werden. Wie heißt es doch noch? An den Sprichwörtern sollt ihr sie erkennen!

Avuta la grazia gabbato lo santo.
(: nachdem man den Segen erhalten hat, wird der Heilige verspottet)
Der Mohr hat seine Schuldigkeit getan.

Non è farina del suo sacco.
(: das ist kein Mehl aus seinem/ihrem Sack)
Das ist nicht auf seinem/ihrem Mist gewachsen.

Nella coda sta il veleno.
(: im Schwanz steckt das Gift – gemeint ist der Schwanz des Rochens)
Das dicke Ende kommt noch.

Buona notte al secchio.
(: gute Nacht, Eimer)
Jetzt ist alles im Eimer.

Chi dorme non piglia pesci.
(: wer schläft, fängt keine Fische)
Von nichts kommt nichts.

Acqua passata non macina più.
(: vorbeigeflossenes Wasser treibt den Mühlstein nicht mehr an)
Vorbei ist vorbei.

Cane non mangia cane.
(: Hund frißt nicht Hund)
Eine Krähe hackt der anderen kein Auge aus.

L'arco sempre teso si spezza.
(: der ständig gespannte Bogen bricht)
Tanto va la gatta al lardo che ci lascia lo zampino.
(: die Katze geht solange zum Speck, bis sie ihre Pfote verliert)
Der Krug geht solange zum Brunnen, bis er bricht.

Tutti i nodi vengono al pettine.
(: alle Knoten kommen in den Kamm)
Es kommt alles irgendwann ans Licht.

Tutto fa brodo.
(: aus allem kann man Suppe machen)
Alles ist zu irgendwas zu gebrauchen.

O mangiare questa minestra o saltare dalla finestra.
(: entweder diese Suppe essen oder aus dem Fenster springen)
Friß oder stirb.

Quando si è in ballo bisogna ballare.
(: wenn man auf einem Ball ist, muß man auch tanzen)
Wer A sagt, muß auch B sagen.

Meglio l'uovo oggi che la gallina domani.
(: lieber das Ei heute als die Henne morgen)
Lieber den Spatz in der Hand, als die Taube auf dem Dach.

Chi fa da se, fa per tre.
(: wer für sich macht, macht für drei)
Selbst ist der Mann.

Se la va, la va. (: Wenn's geht, geht's)
Se non è vero, è ben trovato.
(: wenn's nicht wahr ist, ist es gut erfunden)

Fatta la legge trovato l'inganno.
(: gemacht das Gesetz, gefunden der Betrug)
Sobald ein Gesetz gemacht ist, wurde auch schon die Möglichkeit gefunden, es zu umgehen.

Canta che ti passa.
(: sing, dann geht's vorbei)
Lachen ist die beste Medizin.

Chi si scusa s'accusa.
(: wer sich entschuldigt, klagt sich an)

Se son rose, fioriranno.
(: wenn es Rosen sind, werden sie blühen)
Es wird sich zeigen, was es taugt.

Che sballo!

Die lockere Sprache des Alltags

Auf den folgenden Seiten steht "das Salz in der Suppe", das, was das Sprachmenü erst so richtig herzhaft werden läßt. **Buon appetito, allora!** (Aber nicht den Magen verderben!)

Drohen

minacciare / minaccia	drohen / Drohung
scagliare una minaccia	eine Drohung ausstoßen
Sono guai!	Das gibt Ärger!

Ti faccio la pelle! (: die Haut) Ich mach dich kalt!
Ti spacco/faccio il culo! (: spalte/mache) Ich reiß dir den Arsch auf!

Se non la smetti subito ti suono!
Wenn du nicht sofort aufhörst, verpaß ich dir eine!

Ti concio per le feste! / Ti tuzzo di botte!
(: ich gerb dich für die Feiertage / ich füll dich ab mit Schlägen)
Ich schlag dich zusammen!

Ti aggiusto/arrangio per le feste!
(: ich bring dich für die Feiertage in Ordnung)
Ti rompo la faccia! / Ti spacco il muso!
(: ich brech dir das Gesicht / spalte dir das Maul)
Ich poliere dir die Fresse!

una cazzottata eine Schlägerei
una mazza / un picchiatore ein Schläger
un teppista ein Rowdy
a muso duro (: mit harter Schnauze) kaltschnäuzig, eiskalt

Halt die Klappe!

Chiudi il becco! (: Schnabel) Halt's Maul!
Finiscila! / Smettila! / Piantala! Hör auf!
Non rompere! (: brechen) Nerv nicht!
Acqua/Sasso in bocca! Kein Wort darüber!
(: Wasser/Stein in den Mund)
Ma senti chi parla! Das mußt ausgerechnet du sagen!
(: hör mal, wer spricht)
Lascia stare! Laß es gut sein!, Vergiß es!

Hau ab!

Sei una mosca. (: eine Fliege) Du bist lästig/ein Quälgeist.
Non ti voglio più vedere. Ich will dich nicht mehr sehen.
Sparisci! Verschwinde!
Vattene al diavolo! Geh zum Teufel!
Va in malora! (: Verderben) Scher dich zum Teufel!
Vaffanculo! Leck mich am Arsch!
Levati dalle palle! Verpiß dich!
(: erheb dich von den "Eiern")

Non mettere più piede qui! / Non farti più vedere qui!
(: setz keinen Fuß mehr hier rein)
Laß dich hier nicht mehr blicken!

Non starmene sempre tra i piedi!
(: zwischen den Beinen)
Steh mir nicht immer im Weg 'rum!

Scappa! / Taglia la corda! / Svignatela! / Levati dai piedi!
(: entkommen / die Schnur durchschneiden / sich von den Füßen erheben)
Hau ab!, Verzieh dich!

Angst haben

Mi viene la pelle d'oca.	Ich bekomme eine Gänsehaut.
aver strizza / aver fifa	Schiß haben
Non fartela addosso! (: drauf)	Mach dir nicht in die Hosen!
Can che abbaia non morde.	Bellende Hunde beißen nicht.
lavativo	Drückeberger
fifone	Feigling
vigliacco	1. Feigling, 2. fieses Schwein
pasta frolla (: Mürbteig)	Waschlappen

Mi hanno messo alle strette.
Sie haben mich in die Enge getrieben.

Mi hanno messo con le spalle al muro.
(: mit den Schultern zur Wand)
Sie haben mir die Pistole auf die Brust gesetzt.

Gambe in spalle e via!
(: Beine auf die Schultern und weg!)
Nichts wie weg hier!

Ma chi ti ha conciato così?
Wer hat dich denn so zugerichtet?

Verarschen, betrügen

L'ho colto in fallo. / L'ho colto colle mani in pasta.
(: ich habe ihn beim Sündigen / mit den Händen im Teig erwischt)
Ich habe ihn in flagranti erwischt.

Occhio non vede, cuore non duole.
(: Auge sieht nicht, Herz tut nicht weh)
Was ich nicht weiß, macht mich nicht heiß.

Ne inventa di tutti i colori per fregarli.
(: er/sie erfindet in allen Farben etwas, um sie zu betrügen)
Er/sie denkt sich alles mögliche aus, um sie zu bescheißen.

Cane non mangia cane.
(: Hund frißt nicht Hund)
Eine Krähe hackt der anderen kein Auge aus.

prendere in giro	auf den Arm nehmen
prendere per il culo (: am Arsch nehmen)	verarschen
barare	falschspielen
imbrogliare	betrügen
ingannare	jemanden betrügen (fremdgehen)
buggerare	reinlegen, bescheißen
Ci sei cascato!	Reingefallen!
fregare	1. bescheißen, 2. klauen
la sa lunga (: er weiß es lang)	er ist mit allen Wassern gewaschen
sfacciato	unverschämt
scaltro	gerissen
È un drago. (: Drache)	Er ist ein Fuchs.
Sta covando qualcosa.	Er/Sie brütet etwas aus.
C'è sotto qualcosa!	Da steckt was dahinter!
Il conto non torna.	Die Rechnung geht nicht auf.
Non ci sto!	Da mach' ich nicht mit!
Si frega le mani. (: Hände reiben)	Er/Sie lacht sich ins Fäustchen.
Se ne lava le mani.	Er wäscht seine Hände in Unschuld.

Keinen Durchblick haben

Ciance!	Blödsinn!
un colpo di testa (: Kopfschlag)	eine Kurzschlußhandlung
sventato	kopflos, unüberlegt
una panzana	eine Lügengeschichte
È impazzito	Er ist verrückt geworden
... un tipo balzano	... ein komischer Kauz
... pieno di fumo (: voll Rauch)	... aufgeblasen
... fuori di testa (: aus dem Kopf)	... übergeschnappt/ausgeflippt
... sbullonato (: Bolzen entfernt)	... bescheuert
... suonato	... behämmert
... tronato (: durchgedonnert)	... total daneben
... pazzo da legare (: zum Festbinden)	... total verrückt
... sgangherato (: aus den Angeln)	... ausgeflippt
... un fricchettone	... ein Freak
... uno sputasentenze (: Sprüchespucker)	... ein Neunmalkluger
... testardo come un mulo (: Maultier)	... stur wie ein Esel
... un cacasenno (: Verstandscheißer)	... ein Klugscheißer
... un deficiente/minchione	... ein Blödmann
... una testa di cavolo (: Kohlkopf)	... ein Hohlkopf
... una testa di gallina (: Hennenkopf)	... ein Spatzenhirn

Ha dato i numeri.
(: hat die Nummern gegeben)
Er/sie ist total durcheinander.

Gli manca una rotella. / Non ha tutte le rotelle a posto.
(: ihm fehlt ein Rädchen / er hat nicht alle Rädchen in Ordnung)
Bei ihm ist eine Schraube locker.

Non fare cavolate! (: Kohlgerichte)
Mach keine Dummheiten!

Ma che ti viene in mente? (: was kommt dir in den Sinn?)
Was fällt dir denn ein?

È una cosa da pazzi! (: eine Sache für Verrückte)
So was Bescheuertes!

Ti tira il culo? (: zieht dir der Arsch?)
Du hast wohl den Arsch offen?

Non far la gatta morta! (: mach nicht die tote Katze)
Stell dich nicht blöd!

Scavati una fossa! (: heb dir einen Graben aus)
Laß dich begraben!

Come non detto! (: wie nicht gesagt)
Vergiß es!

Ma datti all'ippica! (: steig auf die Reiterei um)
Mensch, laß dir dein Lehrgeld zurückzahlen!

Vuol sempre fare di testa sua.
Er will immer seinen Kopf durchsetzen.

Non è proprio un'aquila. (: ein Adler)
Er ist nicht gerade der Hellste.

Si dà delle arie. / Spande. (: gibt sich Anschein / breitet sich aus)
Er/Sie macht sich wichtig.

Non lo afferra. (: fassen)
Er schnallt es nicht.

Ma cos'hai combinato?
Was hast du denn jetzt schon wieder angestellt?

Non vede più lontano del suo naso.
Er/Sie sieht nicht über seine/ihre Nasenspitze hinaus.

Chi non ha testa abbia gambe.
(: wer keinen Kopf hat, soll Beine haben)
Was man nicht im Kopf hat, hat man in den Beinen.

Non capisco un cavolo/cazzo.
(: ich verstehe keinen Kohl/Schwanz)
Ich versteh nur Bahnhof.

Durchblicken

furbastro	Schlaumeier
sapientone	Besserwisser
sveglio	clever
scaltro	gerissen
imbucarsi	eine Situation zum eigenen Vorteil ausnutzen
Hai fatto centro. (: Zentrum)	Du hast ins Schwarze getroffen.
Ho capito l'antifona.	Ich habe den Wink verstanden.
La sa lunga. (: er weiß es lang)	Er hat den vollen Durchblick.
L'ha sgamato.	Er hat's geschnallt.
È un tipo con la testa a posto. (: mit dem Kopf am richtigen Platz)	Er ist ein vernünftiger Kerl.
Bello sforzo! (: schöne Anstrengung)	Tolle Leistung! (ironisch)

Super, spitze, affengeil

Mi piace un sacco/mondo/casino/da morire!
(: es gefällt mir einen Sack/eine Welt/ein Tollhaus/zum Sterben)
Das gefällt mir wahnsinnig gut!

Ha fatto tanto d'occhio!
Der/Die hat vielleicht Augen gemacht!

divertente	lustig, unterhaltsam
magnifico	großartig
fantastico	phantastisch
stupendo	herrlich
meraviglioso	wunderbar
incredibile / da non crederci	unglaublich
esaltante	aufregend
forte	stark
pazzesco	irre
da impazzire	zum Verrücktwerden
un delirio	Wahnsinn!
schiacciante (: erdrückend)	wahnsinnig
micidiale (: mörderisch)	geil
bestiale	tierisch
che sballo! (: übertrieben)	rattenscharf
ha fatto furore	er/sie hat Aufsehen erregt

Sich ärgern, schlecht drauf sein

Sono stufo.	Ich hab's satt.
Sono giù.	Ich bin down.
Sono a terra.	Ich bin am Boden zerstört.
Non sono in vena. (: Ader)	Ich bin nicht in Stimmung.
esasperato	entnervt
È andato su tutte le furie.	Er ist total ausgerastet.
Scatta come niente.	Er/Sie geht gleich an die Decke.
Si mangia le dita. (: ißt seine Finger)	Er/Sie beißt sich in den Hintern.
Si mangia il fegato. (: ißt seine Leber)	Er/Sie ärgert sich schwarz.
inveire	wettern
sfogarsi	sich abreagieren
una sfuriata	ein Wutausbruch
crepare dalla bile (: Galle)	vor Wut platzen
Bell'affare! (: Geschäft)	Schöner Mist!
Un bel casino!	Schönes Chaos!
Dove diavolo ...?	Wo zum Teufel ...?
Che faccia tosta! (: hartes Gesicht)	So eine Unverschämtheit!

imbestialito / incavolato / arrabbiato nero
(: zum Tier / zum Kohl geworden / schwarz vor Wut)
stinksauer

Ha la luna storta. / Ha i coglioni girati.
(: er hat den Mond schief / die "Eier" gedreht)
Er ist schlecht drauf.

Ma chi me lo fa fare? (: wer macht mich das machen?)	Wie komme ich dazu?
Che figura ho fatto? (: welche Figur hab ich gemacht?)	Wie steh ich jetzt da?

M'hai fatto fare una figuraccia.
(: du hast mich eine schlechte Figur machen lassen)
Jetzt steh ich schön blöd da wegen dir.

M'ha fatto il bidone. (: Kanister) — Er hat mich verarscht/beschissen.

Non te la prendere! (: nimm's dir nicht) — Mach dir nichts draus!

Non te la prendere troppo a cuore! — Nimm's dir nicht so zu Herzen!

Kaputt/müde sein

Sono stanco morto. — Ich bin todmüde.

Non mi reggo più in piedi. — Ich kann mich nicht mehr auf den Beinen halten.

Non ho chiuso occhio. — Ich habe kein Auge zugetan.

Non ne posso più. — Ich kann nicht mehr.

Sono sfinito. — Ich bin völlig erschöpft.

Sono a pezzi. (: in Stücke) — Ich bin fix und fertig.

Ho i nervi a pezzi. — Ich bin mit den Nerven am Ende.

Dorme come un ghiro. (: Siebenschläfer) — Er/Sie schläft wie ein Murmeltier.

Ho passato la notte in bianco. (: die Nacht in weiß verbracht) — Ich habe eine schlaflose Nacht hinter mir.

Tieni duro! (: hart) — Halt durch!

Mies, beschissen

Che barba/lagna! (: Bart/Gejammer) So was Langweiliges!
stucchevole langweilig, widerlich
palloso stinklangweilig, ätzend
trito e ritrito / fritto e rifritto abgedroschen, ausgelutscht
(: zerkleinert / immer wieder gebraten)
musone (: Riesenschnauze) Miesepeter, Griesgram
È troppo! / Adesso basta! Jetzt reicht's!
Basta così! Schluß jetzt!
Ho le palle piene. (: die Eier) Ich hab die Schnauze voll.
Mi son rotto (le palle). Ich hab die Schnauze voll.
Questo è il colmo! Das ist ja wohl der Gipfel!
È una vergogna! Es ist eine Schande!
disgustoso widerlich
Che schifo! Wie eklig! / Das ist ja widerlich!
Che sfacciataggine! Eine Frechheit!
Che film di merda! So ein Scheißfilm!
Una bella fregatura/bidonata! Schöner Reinfall/Beschiß!
topaia (: Mäusenest) Dreckloch
tronato (: gedonnert) total daneben

Meglio perderlo che trovarlo.
(: besser verlieren als finden)
Das kannst du vergessen.

Kraftausdrücke

Non me ne frega un cazzo! Das ist mir scheißegal!
Non me ne importa un cazzo! Das kümmert mich einen Dreck!
(: das kümmert mich nicht einen Schwanz)
Me ne frego/infischio! (: reibe) Ich pfeif drauf!
Me ne fotto! (: ficke) Ich scheiß drauf!
Sbattitene! Scheiß drauf!
Che palle! (: Eier) So ein Scheiß!

Pech haben

disgraziato / povero cristo	armer Teufel
iettatore	Unglücksbringer
sfigato	Pechvogel
Che sfiga!	So ein Pech!
Che iella fottuta! (: geficktes)	Verdammtes Pech!
Ci siamo!	Da haben wir's!
Non ce la faccio. (: mache)	Ich schaffe es nicht.
Non me ne va bene una.	Alles läuft schief.
Ha fatto una frittata. (: Omelette)	Er/Sie hat Mist gebaut.
Siamo fottuti. (: gefickt)	Wir sind verloren!
Non arrenderti!	Gib nicht auf!
Non te la prendere! (: nimm's dir nicht)	Mach dir nichts draus!
mi arrangio	ich komme so zurecht
campare	sich durchschlagen
me la cavo	ich schlag mich so durch
frignare	heulen, flennen

Devo farlo – per amore o per forza.
(: aus Liebe oder mit Gewalt)
Ich muß es wohl oder übel machen.

Deve ingoiare il rospo.
(: die Kröte runterschlucken)
Er muß in den sauren Apfel beißen.

Fa buon viso a cattivo gioco.
Er/Sie macht gute Miene zum bösen Spiel.

Piove sul bagnato.
(: es regnet aufs Nasse)
Ein Unglück kommt selten allein.

Glück haben

In bocca al lupo! (: ins Maul des Wolfes)
Hals- und Beinbruch!

Che fortuna!
So ein Glück!

più culo che anima (: mehr Arsch als Seele)
mehr Glück als Verstand

Che culo che hai! (: Arsch)
Mann, hast du Schwein!

fare tredici (: dreizehn machen)
einen Volltreffer landen

Hai fatto colpo. (: Schlag)
Du hast Eindruck gemacht.

È contenta come una pasqua. (: zufrieden wie Ostern)
Sie freut sich wie ein Schneekönig.

È andato tutto in fumo. (: Rauch)
Es hat sich alles in Luft aufgelöst.

Non si è beccato niente. (: aufgepickt)
Er hat nichts abbekommen. / Er hat sich nichts eingefangen.

È nato con la camicia. (: mit Hemd geboren)
Er ist mit einem Silberlöffel im Mund auf die Welt gekommen.

Quasseln, brabbeln

Me l'ha raccontato per filo e per segno.
(: mit Faden und Zeichen erzählt)
Er/Sie hat es mir haarklein erzählt.

Dillo chiaro e tondo! (: klar und rund)
Sag es klipp und klar!

Non ha peli sulla lingua.
(: hat keine Haare auf der Zunge)
Er/Sie nimmt kein Blatt vor den Mund.

È un raccontapalle. / È un pallista.
(: er ist ein Eiererzähler)
Er erzählt nur Blödsinn.

ciancione / blaterone	Quasselstrippe
chiacchierone / cicala (: Zirpe)	Schwätzer
brontolone	alter Brummbär
boccaccia	Lästermaul
cianciare / blaterare	quasseln, schwafeln
spettegolare / ciarlare	tratschen / lästern
sparlare	über jemanden herziehen
canzonare / schernire	verspotten
sfottere	hänseln
bisbigliare	tuscheln
borbottare	brummeln, murmeln
brontolare	murren, maulen
predicozzo	Standpauke
fare una strigliata (: Striegeln)	eine Standpauke halten
sempre la stessa solfa (: Leier)	das alte Lied, die alte Leier

Handzeichen

Ebenso wichtig wie die entsprechenden Slang-Ausdrücke sind die Gesten. Schließlich ist es ja nicht nur mit Worten möglich, seinen Mitmenschen mitzuteilen, was man von ihnen hält. Hier leisten Handzeichen wertvolle Dienste. Doch nicht immer bedeuten sie in Italien das, was man auf den ersten Blick vielleicht annimmt.

Damit es wegen mißverstandener Hand*zeichen* nicht zu Hand*greiflichkeiten* kommt, werden die wichtigsten in Italien verbreiteten **gesti** hier kurz erklärt:

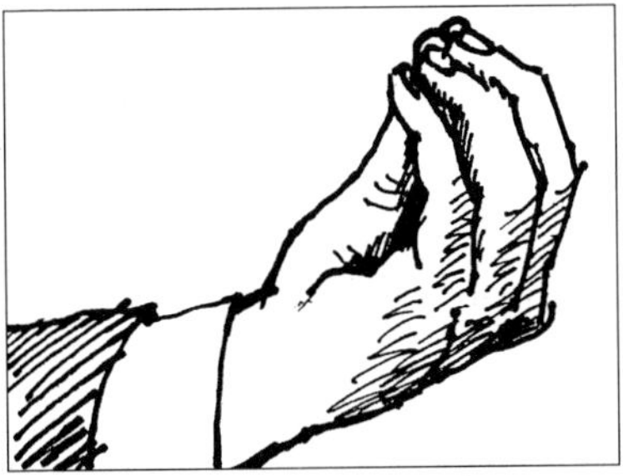

Ma cosa vuoi?
Was willst du? bzw.

Che c'è?
Was ist los?

Bis Rom würde man sagen:
Me ne frego.
Ist mir doch egal.

Weiter südlich drückt die Geste Verneinung oder Ablehnung aus.

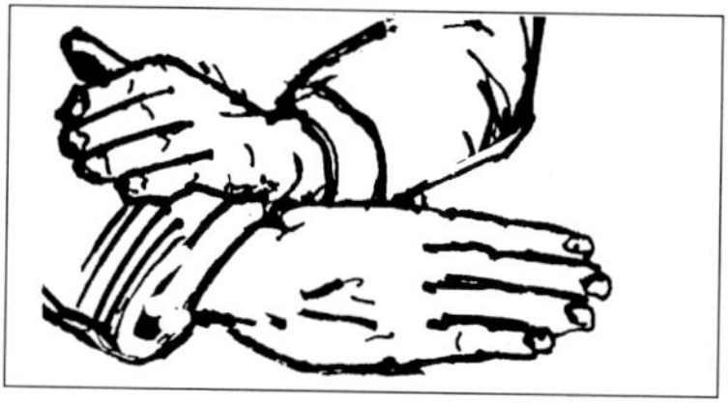

Fila via!
Hau ab!

Diese “Freundlichkeit” dürfte bereits zum allgemeinen Kulturgut geworden sein.
Besonders beliebt unter Autofahrern, lockert sie die oftmals unpersönliche Atmosphäre auf den Straßen auf.

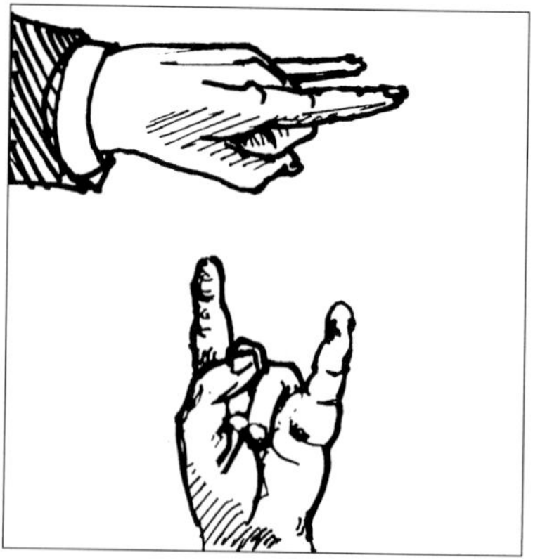

Auch den **cornuto,**
den Gehörnten, zu erklären, ist wohl überflüssig.
Möchte man mal eine italienische Arztpraxis von innen besichtigen, ist dieses Zeichen genau das richtige.

Stai attento!
Paß auf!

Im Sinne von
“Überleg, was du tust/sagst!“

In Spanien gibt man seinem Gegenüber damit zu verstehen, daß man ihn für schwul hält, was natürlich nur den Zweck hat, ordentlich zu provozieren.

In Italien dagegen steht das Zeichen für schön oder gut.

Von Rom aus nach Süden bedeutet der Griff ans Ohrläppchen das, was der Spanier durch das Drehen des Fingers auf der Wange ausdrücken will. Wie man sich denken kann, verfehlt diese Geste nicht ihre Wirkung, wenn man gerne “hautnah” mit Italienern in Kontakt treten möchte.

Non capisco un cazzo

Böse Wörter

Bekanntlich sind ja Schimpfwörter des Fremdsprachen-Lerners liebstes Kind. Hier dürfte wohl jeder fündig werden. Daß man die unten aufgelisteten Freundlichkeiten zwar kennen, aber nicht unbedingt selbst anwenden sollte, versteht sich von selbst.

Die Intensität der Ausdrücke geht aus den im Deutschen gewählten Entsprechungen bzw. den wörtlichen Übersetzungen sehr deutlich hervor.

Fluchen

imprecare	fluchen
imprecazione	Fluch
scagliare un'imprecazione (: schleudern)	einen Fluch ausstoßen
Accidenti! (: Unfälle)	Verflixt!
Porca miseria!	Verflixt und zugenäht!
Mannaggia!	Verdammt!
Mannaggia la Madonna!	Verflucht!, Kruzifix!
Porco dio! / Porca madonna!	Verdammte Schweinerei!

CAZZO oder Wie kommt das Ding in aller Munde?

Eines der meistverwendeten Wörter des Italienischen ist zweifellos der **cazzo** (Schwanz), und man sollte sich nicht wundern, wenn ihn vom Schuljungen über den Mittvierziger bis hin zur Oma so ziemlich jeder, quer durch alle sozialen Schichten, im Munde führt. Keiner denkt mehr an die eigentliche Bedeutung, wenn er Ausdrücke wie die folgenden verwendet – man/frau sagt halt einfach so:

Cazzo!
Verdammt!, Scheiße!
(kann aber auch Überraschung ausdrücken)
cazzone (: Riesenschwanz)
Blödmann, Arschloch
Non fare cazzate!
Mach keinen Blödsinn!
incazzato
wütend
incazzatissimo / incazzato nero
scheißwütend
Non farmi incazzare!
Treib mich nicht zur Weißglut!
Non me ne importa un cazzo!
Das ist mir scheißegal!
Non capisco un cazzo.
Ich verstehe nur Bahnhof.
faccia di cazzo (: Schwanzgesicht)
Arschgesicht
testa di cazzo (: Schwanzkopf)
Arschloch
Col cazzo che faccio questo!
Einen Teufel werde ich tun!

Col cazzo che te lo dico!
Du glaubst ja wohl selber nicht, daß ich dir das sage!
Dove cazzo l'ho messo?
Wo zum Teufel habe ich das nur hingelegt?
Ma che cazzo dici?
Was erzählst du denn da für'n Scheiß?
Che cazzo te ne frega?
Was geht denn das dich an?
Non sono cazzi tuoi! (: das sind nicht deine Schwänze)
Das geht dich einen Scheiß an!
Fatti i cazzi tuoi! (: mach deine eigenen Schwänze)
Kümmere dich um deinen eigenen Scheiß!
Levati dal cazzo!
Verpiß dich!
Non rompermi il cazzo!
Du gehst mir auf'n Sack!
Mi sta sul cazzo!
Er geht mir auf den Zeiger!
È un rompicazzo.
Er geht ganz fürchterlich auf die Eier.
'sto cazzo ti do! (: diesen Schwanz gebe ich dir!)
Ich scheiß dir was!
per il cazzo (: für den Schwanz)
für'n Arsch
Sono cazzi acidi. (: saure Schwänze)
Das gibt Ärger/Stunk.
Sono scherzi di cazzo. (: Schwanzscherze)
Sie ist schwanger.
mangiacazzi (: schwanzfressend)
mannstoll
Si mangia il cazzo. (: er ißt seinen Schwanz auf)
Er platzt vor Neid.

Beschimpfungen, Beleidigungen

Va a farti fottere! (: laß dich ficken)
Leck mich am Arsch!

Vaffanculo! (= va a fare un culo) auch: **Va in culo!**
(: mach einen Arsch)
Leck mich!

Mi caghi il cazzo! (: du kackst mir auf den Schwanz)
Du nervst total!

Ti tira il culo? (: zieht dir der Arsch?)
Du hast wohl den Arsch offen!

Schiaffatelo in culo! (: wirf's dir in den Arsch)
Fick dich ins Knie!

rompipalle / rompiscatole / rompicoglioni (: "Eier"-, Schachtelbrecher)
Nervensäge

faccia da culo	Arschgesicht
stronzo / coglione / fetente	Arschloch, Scheißkerl
pezzo di merda (: Stück Scheiße)	Drecksack
culone	Fettarsch
grassone / ciccione	Fettsack
man morta (: tote Hand)	Grapscher, Lüstling
guardone (: Schauer)	Spanner
pugnetta / segaiolo	Wichser
bucaiolo (: Lochfüller)	Hurenbock
schifoso / viscidone	widerlicher Sack
lecchino / leccapiedi (: Fußlecker)	Arschkriecher
ruffiano	Speichellecker
santone / santarellina	falscher Heiliger / Scheinheilige
beghina	Betschwester, Frömmlerin

racchione / scorfano	Mißgeburt
storpio	Krüppel
scocciatore	Quälgeist
brocco / buono a nulla	Taugenichts
ficcanaso	Topfgucker
spaccone / bullo / trombone	Angeber, Großmaul
venditore di fumo	Schaumschläger, Hochstapler
cocco di mamma	Muttersöhnchen
piagnone	Heulsuse
cacasotto	Hosenscheißer
pivello	Grünschnabel
calabrache	Schlappschwanz, Waschlappen
fannullone	Faulpelz
secchione / sgobbone	Streber
arrivista	Emporkömmling
bellimbusto	Lackaffe
stangona (: große Latte)	Bohnenstange
tappo (: Stöpsel)	Zwerg
schiappa	Flasche
frana (: Erdrutsch)	Trampel
guastafeste (: Festverderber)	Spielverderber
brontolone	Brummbär
matusa / decrepito	alter Knacker
cafone	Flegel
luridone	verkommenes Subjekt
fallito	verkrachte Existenz
casinista	Chaot
imbranato	Tölpel
rammollito / fesso	Trottel
scemo / cretino	Idiot
sciattone/sciattona	Schlampe
puzzola	Stinker
straccione (: Drecklappen)	abgewrackter Typ
barbone	Penner
gentaglia / canaglia	Pack, Gesindel

Minderheiten, Ausländer

puttana / battona / baldracca	Nutte
troia / cagna / scrofa (: Hündin / Sau)	Schlampe, schwanzgeiles Luder
vacca / ciuccia cazzi (: Kuh / Schwanzlutscherin)	
battere (: schlagen)	auf den Strich gehen
ragazza squillo (: Klingelmädchen)	Call-Girl
checca / checcarino	Tunte
froscio	
ricchione	Schwuchtel, Schwuler
finocchio (: Fenchel)	
lesbica	Lesbe
femminista	Feministin
suffragetta	Emanze
polentone "Polentafresser"	S-Italiener über N-Italiener
terrone "Erdfresser"	
tamarro "Dattelverkäufer"	N-Italiener über S-Italiener
africano "Afrikaner"	
crucco	Scheißdeutscher

Ansonsten verwenden Italiener gerne das Wort **porco** (Schwein) in Verbindung mit der Nationalität oder Zugehörigkeit, um irgendwelche Minderheiten zu beleidigen: **porco negro, porco fascista, porco nazista** usw.

Mi piace da morire

Zwischengeschlechtliches

Ob nun die Liebe des Lebens oder der one-night-stand, irgendwie muß man seine Begeisterung oder Enttäuschung ausdrücken:

Mi piace un sacco/mondo/casino/da morire.
(: er/sie gefällt mir einen Sack/eine Welt/ein Tollhaus/zum Sterben)
Er/Sie gefällt mir wahnsinnig gut.

È uno schianto. (: Stich)
Er/Sie ist ein Wahnsinnsmann/eine Wahnsinnsfrau.

È proprio un(a) fuoriclasse. (: Sonderklasse)
Er/Sie ist wirklich ein(e) Supertyp/Spitzenfrau.

È una bomba. (: eine Bombe)
Er/Sie ist irre.

ben fatto (: gut gemacht)
gutaussehend

Ci sa fare.
Er/Sie bringt's.

Ci sta.
Er/Sie ist leicht ins Bett zu kriegen.

Mi fa schifo.
Er/Sie ekelt mich an.

Si svacca. / Va in vacca. (: er/sie wird zur Kuh)
Er/Sie läßt sich gehen.

Mi rompe i coglioni. / Mi sta sul cazzo.
(: bricht mir die Eier / steht mir auf dem Schwanz)
Er/Sie geht mir auf den Sack.

Non lo/la posso vedere/soffrire/sopportare.
(: sehen/leiden/aushalten)
Ich kann ihn/sie nicht ausstehen.

È andato in bianco.
(: ins Weiße gegangen)
Er/Sie ist abgeblitzt.

Ha/Fa il broncio.
Er/Sie ist eingeschnappt.

Che bidonata!
So ein Reinfall!

cornuto
gehörnt

Lo/la pianto.
Ich verlaß ihn/sie.

Lo/la scarico.
(: entladen)
Ich säg ihn/sie ab.

L'ha mollato/mollata.
Sie hat ihn/er hat sie verlassen.

L'ha piantato.
Sie hat ihn sitzengelassen.

SIE über IHN

Che figo! / Che figone! auch: **fico**
Mann, ist das ein geiler Typ!

il principe azzurro (: blauer Prinz)
Märchenprinz, Traummann

un moscio / un maschi(li)sta / un montone (: Hammel) **/ un stallone**
ein Schlappi / ein Macho / ein Hengst / ein Hengst

Ce l'ha grosso. / un superchiavatore
Er hat einen großen Schwanz. / ein Superficker

È ben dotato/fornito (: ausgestattet) / **c'ha un uccello asinino**
Er ist gut bestückt. / er hat einen Schwanz wie ein "Eselsvogel"

ER über SIE

Ammazza che culo!	Irre, der Arsch!
Bona!	Geil! (über eine Frau)
È in calore. (: läufig)	Sie ist geil.
una tettona	eine Frau mit Riesenbusen
una culona	eine Frau mit Riesenhintern
una passerottina	ein Betthäschen

C'ha un bel balcone! (: einen schönen Balkon)
Sie hat viel Holz vor der Hütte!

Mamma mia, che carrozzeria! (: Karosserie)
Mann, hat die ein Fahrgestell!

È brutta come una befana. . (: wie eine Hexe)
Sie ist so häßlich wie die Nacht finster.

Verliebte unter sich

Wer vorhat, sich in Italien zu verlieben, sollte wenigstens den folgenden Wortschatz mit auf die Reise nehmen:

far l'occhiolino (: Äuglein machen)	jemandem zuzwinkern
attacare bottone (: Knopf annähen)	anquatschen
abbordare	anmachen
abbordaggio / approccio	Anmache
corteggiare	den Hof machen
flirtare / amoreggiare	flirten
cuccare	aufreißen
rimorchiatore / cucador	Aufreißer
tubare	turteln
baciarsi	sich küssen
sbaciucchiare / pomiciare	knutschen
accarezzare	streicheln, liebkosen
il batticuore	Herzklopfen
rimorchiare	abschleppen
una tresca	ein Techtelmechtel
un amoretto	eine Liebelei
una relazione	eine Beziehung/Affäre
una sveltina (: schnelle Nummer)	ein Quickie
innamorato	verliebt
imbarcato (: eingeschifft)	verknallt
Mi son preso una cotta/sbandata. (: ich bin ins Kochen/Schleudern geraten)	Ich habe mich verknallt.
Sono pazzo di te.	Ich bin verrückt nach dir.
Brucio dalla voglia.	Ich vergehe vor Verlangen.
Ti voglio bene.	Ich hab dich lieb.
T'adoro.	Ich bete dich an.
Ti amo.	Ich liebe dich.
Voglio far l'amore con te.	Ich will mit dir schlafen.
Voglio andare a letto con te.	Ich will mit dir ins Bett.

tesoro / tesorino / tesoruccio **amore / amoruccio** **cocco / coccolo / coccolone**	Schatz; Liebling

Geschlechtsteile

Die mit * gekennzeichneten Ausdrücke sind mehr oder weniger gesellschaftsfähig

der Penis:

pene*
membro* (: Glied)
cazzo (: Schwanz)
(siehe auch das Kapitel auf S. 61)
lui (: "er")
uccello (: Vogel)
pisello (: Erbse)
canna (: Rohr)
mazza (: Knüppel)
arnese (: Werkzeug)
stanga (: Latte)
pendaglio (: Gehänge)
minchia (in Süditalien)
bischero (in der Toscana)

die Hoden:

testicoli*
coglioni (Eier)
uova (: Eier)
palle (: Bälle)

der Po:

sedere*
didietro* (Hintern)
culo (Arsch)
chiappe (Arschbacken)

die Scheide:

vagina*
fica / figa (: Fotze)
fessura (: Spalt)
tana (: Höhle)
pozzo (: Brunnen; Schacht)
buco (: Loch)
potta
fregna
gnocca

die Brüste:

seni*
tette (Titten)
zizze
poppe

ER und SIE über ES

So weit, so gut! Das Vorspiel (**preludio**) wäre also – zumindest verbal – geschafft. Nun kann es zur Sache gehen. Schließlich muß man ja wissen, wie man "es" sagt – und außerdem: **Che male c'è?** Was ist Schlechtes daran?

arrappare	aufgeilen
libidine / foia	Geilheit
essere in fregola (: brünstig)	notgeil sein
focoso / voglioso / arrappato/ libidinoso / infoiato / infuocato	geil/scharf
ingordo	gierig, unersättlich
Me lo/la son fatto/fatta.	Ich hab ihn/sie umgelegt.
Mi si rizza / fa duro il cazzo	Ich krieg 'nen Steifen.
Ce l'ho duro. (: ich hab ihn hart)	Ich hab 'nen Steifen.
mi tira all'infinito (: er zieht endlos)	ich hab' einen Dauerständer
Non mi tira più. (: er zieht nicht)	Er steht mir nicht mehr.
far l'amore (: Liebe machen)	
ficcare (: ficken) / **scopare** (: fegen)	
fare una scopata	
fottere (: anschmieren; linken)	
fare una fottuta	
cupiare (: kopieren)	
mietere (: mähen)	bumsen, vögeln, ficken
chiavare (: nageln)	
fare una chiavata	
montare (: besteigen)	
cavalcare (: reiten)**a**	
fare un giro (: eine Tour machen)	
orgasmare	einen Orgasmus haben
arrivare (: ankommen)	kommen
sborrare	abspritzen
la sborra / la panna (: Sahne)	Sperma, Saft

succhiatore / bocchinaro, -a / pompinaro	Bläser(in)
succhiare (: saugen; lutschen) **fare un bocchino** (: Mündchen machen) **fare un pompino** **sbocchinare / spompinare**	blasen

... und hier, was sonst noch von Interesse sein könnte:

fottere alla pecorina / inculare	von hinten nehmen / Arsch ficken
un'inculata / sculacciare	ein Arschfick / Arsch versohlen
un'ammucchiata (: Anhäufung)	Gruppensex
bisex	bisexuell
omosex	homosexuell
lesbica	lesbisch
un guardone (: Schauer)	ein Spanner
un trans	ein Transsexueller
un sadomaso	ein Sadomasochist

masturbarsi onanieren

Frauen:
farsi un ditalino (: Fingerchen machen)

Männer:
farsi/spararsi una sega (: sich einen absägen)
farsi una pipa (: an der Pfeife ziehen)
farsi una pugnetta (: eine kleine Schlacht liefern)

Fine

Liebe Leser

Trotz allen Überlegens und Nachdenkens kann ich nicht behaupten, daß dieses Buch vollständig ist. Aktuell aber ist es sicher. Ich habe nur solche Ausdrücke aufgenommen, die auch wirklich gebräuchlich sind, wodurch sich dieser Slang-Band gewiß wohltuend von verstaubten, wissenschaftlichen Vokabelsammlungen unterscheidet.

Damit “Italo-Slang” aktuell bleibt und erweitert werden kann, brauche ich die Hilfe der Leser. Täglich entstehen neue Ausdrücke, andere kommen aus der Mode. Wenn Sie also auf Ihren Reisen Wörter und Formulierungen aufschnappen, die hier noch fehlen, dann schicken sie mir doch diese Funde (möglichst unter Angabe der entsprechenden Region) an die Verlagsadresse. Für verwertete Ergänzungen und Hinweise zeigt sich der Verlag mit einem Freiexemplar der nächsten Auflage erkenntlich.

Literaturhinweise

Es ist schwer, Hinweise und Tips zu Literatur über "Italo-Slang" zu geben, da es zum einen an wirklich empfehlenswerten Büchern mangelt und zum anderen viele der guten Titel italienische Veröffentlichungen sind, die hier wohl nur schwer zu bekommen sind.

Unentbehrlich für jeden, der sich auf irgendeine Weise mit der italienischen Sprache beschäftigt, ist ein gutes Wörterbuch. In bezug auf Slang kann es hier nur eine einzige Empfehlung geben, nämlich das PONS GLOBALWÖRTERBUCH. Hier bekommt man für etwa DM 80,- in zwei Bänden erstaunlich viel Umgangssprache geboten, womit alle anderen Anbieter ihre Seiten anscheinend nicht "beschmutzen" wollen.

Bei den Sprachbüchern seien die von Rowohlt veröffentlichten Werke des Sprachkollektivs SENZAPAROLE genannt, über deren pädagogischen Ansatz man zwar einerseits geteilter Meinung sein kann, die andererseits aber ein "realistisches" Italienisch vermitteln.

Die übrigen in Deutschland angebotenen Titel kranken zumeist entweder an "Altersschwäche" oder an "Authentizitätsmangel", weshalb ich hier keine weiteren Namen aufführen möchte.

Kauderwelsch?

Kauderwelsch!

Die **Sprachführer der Reihe Kauderwelsch** helfen dem Reisenden, wirklich zu sprechen und die Leute zu verstehen. Wie wird das gemacht?

- Die **Grammatik** wird in einfacher Sprache so weit erklärt, daß es möglich wird, ohne viel Paukerei mit dem Sprechen zu beginnen, wenn auch nicht gerade druckreif.
- Alle Beispielsätze werden doppelt ins Deutsche übertragen: zum einen **Wort-für-Wort,** zum anderen in "ordentliches" Hochdeutsch. So wird das fremde Sprachsystem sehr gut durchschaubar. Ohne eine Wort-für-Wort-Übersetzung ist es so gut wie unmöglich, einzelne Wörter in einem Satz auszutauschen.
- Die **Autorinnen und Autoren** der Reihe sind Globetrotter, die die Sprache im Lande gelernt haben. Sie wissen genau, wie und was die Leute auf der Straße sprechen. Deren Ausdrucksweise ist häufig viel einfacher und direkter als z.B. die Sprache der Literatur. Neben der Sprache vermitteln die Autoren Verhaltenstips und erklären Besonderheiten des Landes.
- **Jeder Band** hat 96 bis 160 Seiten. Zu jedem Titel ist eine begleitende **Tonband-Kassette** (60 Min) erhältlich.
- **Kauderwelsch-Sprachführer** gibt es für über 90 Sprachen in **mehr als 120 Bänden**, z.B.:

Italienisch - Wort für Wort
Band 22, 112 Seiten, ISBN 3-89416-482-4
Italo Slang - das andere Italienisch
Band 97, 96 Seiten, ISBN 3-89416-300-3
Italienisch für Opernfans
Band 107, 128 Seiten, ISBN 3-89416-311-9
Sizilianisch - Wort für Wort
Band 114, 160 Seiten, ISBN 3-89416-316-x

REISE KNOW-HOW Verlag Peter Rump GmbH, Bielefeld

Bella Italia

Das beliebteste Reiseziel Südeuropas ist so vielfältig, daß es unmöglich ist, alle Details in einem einzigen Reiseführer aufzuzeigen. Da bewähren sich die Regionalführer der Reihe ***Reise Know-How***:

Frank Schwarz

Rom und Umgebung

288 Seiten, Karten und Pläne,
durchgehend illustriert.
ISBN 3-89416-237-6

Daniela Schetar, Friedrich Köthe

Sizilien

528 Seiten, viele Karten und Pläne,
durchgehend illustriert.
ISBN 3-89416-850-1

Hella Kothmann, Wolf-Eckart Bühler

Toscana

696 Seiten, viele Karten und Pläne,
durchgehend illustrierrt.
ISBN 3-89416-858-7

Kristine Jaath, Peter Höh

Sardinien

550 Seiten, viele Karten und Pläne,
durchgehend illustrierrt.
ISBN 3-89416-727-0

Julia Sander, Georg Henke

Umbrien mit Marken

600 Seiten, viele Karten und Pläne,
durchgehend illustrierrt.
ISBN 3-89416-728-9

Reise Know-How Verlag Peter Rump Gmbh, Bielefeld

Kauderwelsch "Slang"

Die Sprache des Alltags - ohne Wenn und Aber:

Dalay, Lutterjohann
Neuseeland Slang
- das andere Englisch
ISBN 3-89416-506-3

Georgi-Wask, Linnemann
American Slang
- das andere Englisch
ISBN 3-89416-043-8

Hanewald
More American Slang
- mehr anderes Englisch
ISBN 3-89416-257-0

Zeedel, Stein
Australian Slang
- Englisch Down Under
ISBN 3-89416-041-1

Das, was man in der Schule lernt, ist eine Sache, das, was die Leute wirklich sprechen, ist eine andere.

Die Slang-Bände der KAUDERWELSCH-Reihe vermitteln die heute gesprochene Alltagssprache, ohne ein Blatt vor den Mund zu nehmen. Wörter, Sätze und Ausdrücke, die man in Kneipen, Discos, auf der Straße oder im Bett hört und sagt. Die Sprache der Szene und des "einfachen Mannes". Umgangssprache, die man kaum im Wörterbuch findet und garantiert nicht in der Schule gelernt hat.

Jeder Band bietet ca. 1000 Stichworte zum täglichen Gebrauch erklärt, ehrlich übersetzt und praxisorientiert geordnet. 96-128 Seiten, mit vielen originellen Comics illustriert.

REISE KNOW-HOW Verlag Peter Rump Verlag GmbH, Bielefeld

Register

Auf den folgenden Seiten findet sich ein alphabetisch geordnetes Verzeichnis aller Begriffe, die in diesem Buch vorkommen. Es soll dem behilflich sein, der einen Ausdruck gehört hat, aber nicht weiß, was er bedeutet. Hinter jedem Eintrag steht die Seitenzahl, auf der ein Ausdruck mit diesem Wort vorkommt. Kommt es in mehreren Wendungen vor, stehen mehrere Seitenzahlen dahinter.

Kauderwelsch-Dialektführer sind anders!

Warum? Weil sie die Zugereisten - egal ob touristisch oder beruflich - in die Lage versetzen, das Kauderwelsch der alteingesessenen Bewohner vor Ort mit all seinen fremdartig und zuweilen lustig klingenden Lauten und Ausdrücken wirklich zu verstehen, und sich gekonnt in die **Lebensart, das Lebensgefühl, die Lebensphilosophie** der Menschen vor Ort einzufühlen. Denn ein Dialekt ist nie nur eine andere Art zu sprechen, sondern der Spiegel einer anderen Art zu denken, fühlen, genießen, leben und lieben.

Wir verzichten daher auf lange sprachwissenschaftliche Abhandlungen über die Herkunft des Dialektes und kommen nach den **grundlegenden lautlichen und grammatikalischen Unterschieden** gleich zu dem, was Alteingesessene auf der Straße und Zuhause sprechen. So wird es ein Leichtes dem Charme des trockenen Humors und der bildreichen Sprache der deutschen Dialekte und Mundarten zu erliegen.

Die **Autorinnen und Autoren** werden Sie immer wieder zum Schmunzeln bringen und gekonnt Mentalität und Lebensgefühl des jeweiligen Sprachraumes vermitteln. Es erwarten Sie sprachliche Leckerbissen, gespickt mit **umgangssprachlichen Floskeln, Redewendungen und lockeren Sprüchen**, die den Mutterwitz der Bewohner charakterisieren.

Glücklicherweise gibt es noch Menschen, die das **Hochdeutsche** mit Liebe links liegen lassen und Ihnen mit einer gehörigen Portion Dialekt einige Rätsel aufgeben. Das gilt natürlich auch für **Wienerisch** oder **Schweizerdeutsch**.

Und weil's so schön ist, erfreut sich manch ein Dialekt auch weit über die eigentlichen Sprachgrenzen hinaus großer Beliebtheit wie z.B. **Kölsch** - die Sprache der Domstadt am Rhein -, oder **Berlinerisch** - man denke da nur an Kennedy's Ausspruch "Ick bin ein Berliner"-, oder **Sächsisch**, was nach der Wende besonders oft scherzhaft nachgeahmt wurde.

Kauderwelsch-Sprechführer

gibt's für unheimlich viele Sprachen:

Afrikaans ● Albanisch ● Amerikanisch - *American Slang, More American Slang* ● Amharisch ● Arabisch - Hocharabisch, für Ägypten, Algerien, Golfstaaten, Irak, Jemen, Marokko, Palästina-Syrien, Sudan, Tunesien ● Armenisch ● *Bairisch* ● Baskisch* ● Bengali Brasilianisch ● Bulgarisch ● Burmesisch ● Cebuano ● Chinesisch Dänisch ● *Deutsch - Allemand, Duits, German, Nemjetzkii, Tedesco* Elsässisch* ● Englisch - *British Slang, Australian Slang, Canadian Slang, Neuseeland Slang* ● Esperanto ● Estnisch ● Finnisch Französisch - für Frankreich, für Restaurant & Supermarkt, für den Senegal, für Tunesien, *Französisch Slang, Franko-Kanadisch* ● Galicisch ● Georgisch Griechisch ● Guarani ● Hausa ● Hebräisch ● Hieroglyphisch ● Hindi Indonesisch ● Irisch-Gälisch ● Isländisch ● Italienisch, *Italienisch-Slang,* für Opernfans, für Restaurant und Supermarkt* ● Japanisch ● Javanisch Jiddisch ● Kantonesisch ● Kasachisch ● Katalanisch ● Khmer Kisuaheli ● Kinyarwanda ● *Kölsch* ● Koreanisch ● Kroatisch ● Kurdisch Laotisch ● Lettisch ● Lëtzebuergesch Lingala ● Litauisch ● Madagassisch ● Makedonisch ● Malaiisch ● Mallorquinisch ● Maltesisch ● Mandinka Mongolisch ● Nepali ● Niederländisch ● Norwegisch ● Paschto ● Patois Persisch ● Pidgin-English ● *Plattdüütsch* ● Polnisch ● Portugiesisch Quechua ● Rumänisch ● Russisch ● *Sächsisch* ● *Schwäbisch* ● Schwedisch *Schwiizertüütsch* ● *Scots* ● Serbisch ● Singhalesisch ● Sizilianisch Slowakisch ● Slowenisch ● Spanisch - *Spanisch Slang,* für Lateinamerika, für Argentinien, für Chile, für Costa Rica, für Cuba, für die Dominikanische Republik, für Ecuador, für Guatemala, für Honduras, für Mexiko, für Nicaragua, für Panama, für Peru*, für Venezuela ● Tagalog ● Tamil ● Thai ● Tibetisch ● Tschechisch Türkisch ● Ukrainisch ● Ungarisch ● Urdu* ● Usbekisch Vietnamesisch ● *Wienerisch* ● Wolof

Der Autor

Michael Blümke: "Sprachen und klassische Musik – seit jeher meine großen Leidenschaften. Glücklicherweise gelang es mir, beide zu meinem Beruf zu machen. Als Dozent, Übersetzer, Lektor, journalist und Buchautor konnte ich sowohl meiner Liebe zu den Sprachen wie auch der klassischen Musik frönen. Seit 1999 bin ich als PR Manager für ein bekanntes Musiklabel tätig. "

Von Michael Blümke sind außerdem im Reise Know-How Verlag erschienen: "Italienisch für Opernfans" (ISBN 3-89416-311-9), ReiseWortSchatz Italienisch (3-89416-597-9 und ReiseWortSchatz Spanisch (3-89416-598-7).